Titre original : Potato

203, Avenue Louise, 1050 Bruxelles
D 1987/0074/195
ISBN 2-8041-0822-8

Exclusivité en France :
Editions Gamma
77, rue de Vaugirard
75006 Paris
ISBN 2-7130-0891-3
Dépôt légal : D 1987/0195/56
Exclusivité au Canada :
Les Editions Ecole Active
2244, rue Rouen
Montréal H2K 1L5
Dépôts légaux :
1e trimestre 1988
Bibliothèque nationale du Québec
Bibliothèque nationale du Canada
ISBN 2-89069-175-6
Imprimé en Belgique

La pomme de terre

Barrie Watts

Voici des pommes de terre.

Purée, pommes de terre à l'eau, frites ou chips...
Tu peux manger des pommes de terre préparées de plusieurs manières.

Il existe aussi de nombreuses variétés de pommes de terre.

Toutes ces pommes de terre ont cependant poussé de la même façon. Elles ont grandi sous terre, dans les champs et les jardins.

Au fil des images, tu découvriras comment poussent les pommes de terre.

La pomme de terre **germe.**

Observe la peau de cette pomme de terre.

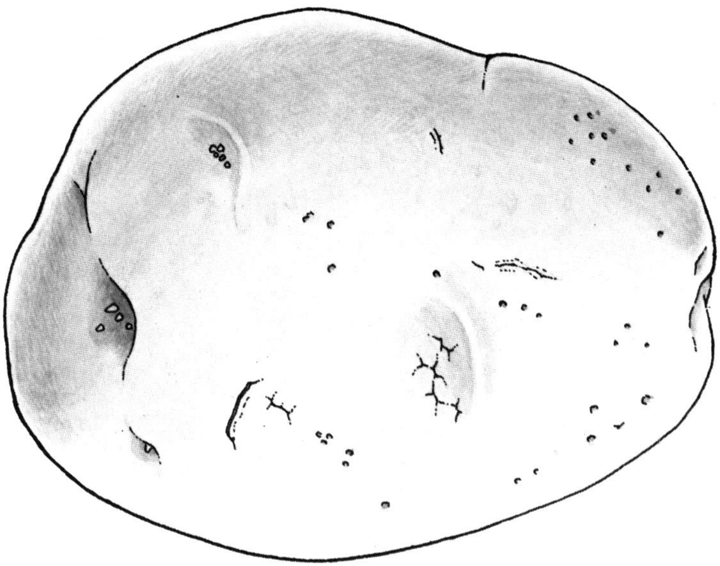

Elle n'est pas lisse, mais couverte de bosses,
et de crevasses que nous appelons des « yeux ».
C'est à partir des yeux que se développent les germes.

Regarde la photo : des germes minuscules commencent à apparaître sur cet œil.

Le germe grandit.

Cette pomme de terre a été coupée en deux.

La pomme de terre est recouverte d'une peau. L'intérieur est composé d'une matière qu'on appelle la fécule. La fécule servira de nourriture à la jeune plante.

Au bout d'une quinzaine de jours un seul germe s'est développé. Il se couvre de petites feuilles.

Le germe grandit en puisant la nourriture emmagasinée dans la pomme de terre.

Les feuilles s'ouvrent sur le **plant** de pommes de terre.

Jour après jour, le germe grandit : il sort finalement de terre.

La pomme de terre devient vieille et verdit. D'autres germes se développent et de fines racines commencent à pousser.

Lorsque le germe sort de terre, ses feuilles s'ouvrent pour recevoir le plus de lumière possible.
Le plant a besoin de lumière et d'air pour vivre et surtout pour grandir.

La plante a des racines.

Les racines se développent sous la terre.
Elles s'étalent comme ceci.

Les petits poils que tu peux voir sur les racines puisent dans le sol eau et nourriture.

Regarde la grande photo. La pomme de terre est pourrie. Le plant a épuisé presque toutes ses réserves et doit produire maintenant sa propre nourriture.

Une petite pomme de terre se forme.

Le plant n'utilise qu'une partie de sa nourriture.
Il emmagasine le reste au bout de tiges souterraines,
dans des **protubérances** appelées tubercules.
Chaque tubercule est une minuscule pomme de terre, grosse
comme le bout d'une allumette.

Regarde le dessin.

Les pommes de terre sont encore beaucoup trop petites
pour être mangées. Au-dessus du sol, des bourgeons se sont
formés, qui deviendront bientôt des fleurs.

Le plant de pommes de terre fleurit.

Par un beau jour ensoleillé, les fleurs s'ouvrent. Le cœur de chacune d'elles est couvert d'une poussière jaune appelée le pollen.

Ce scarabée mange du pollen.

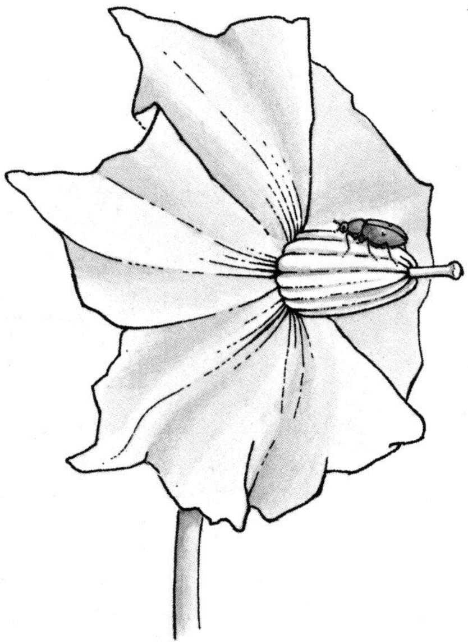

Un peu de pollen s'est accroché au corps du scarabée. Lorsque le scarabée se posera sur une autre fleur, ce pollen tombera peut-être. S'il atteint le cœur de la fleur, il donnera sans doute naissance à un fruit.

Le plant de pommes de terre a des **semences.**

Au bout de huit semaines environ, le plant de pommes de terre se couvre de fruits.

Ces fruits ont la taille d'une bille. Ils sont **toxiques** : ne les mange surtout pas !

Regarde la grande photo. Ce fruit a été coupé en deux pour que tu puisses voir les semences qu'il contient. Si une semence tombe sur le sol, un petit plant de pommes de terre se développera peut-être.

Sous terre, la pomme de terre grossit.

Le plant de pommes de terre continue à produire de la nourriture.
Dans la terre, les petites pommes de terre grossissent ; elles atteignent maintenant la taille d'un raisin.
Regarde le dessin.

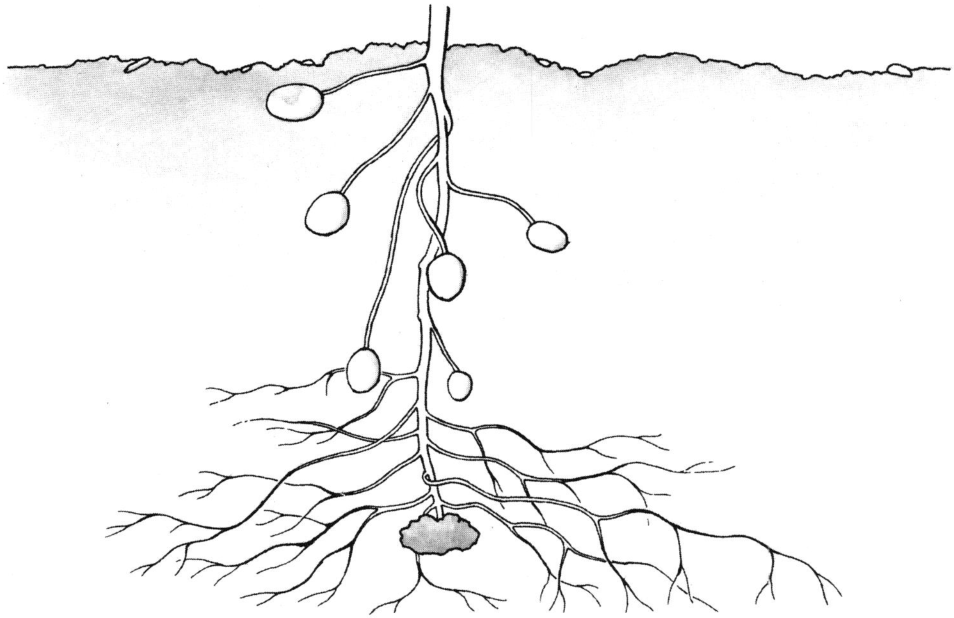

Combien de petites pommes de terre vois-tu ?

Les pommes de terre doivent rester couvertes de terre. En effet, si la lumière les atteint, elles verdissent et deviennent toxiques.

La pomme de terre est **mûre.**

Au bout de douze semaines environ, les plants de pommes de terre cessent de grandir.

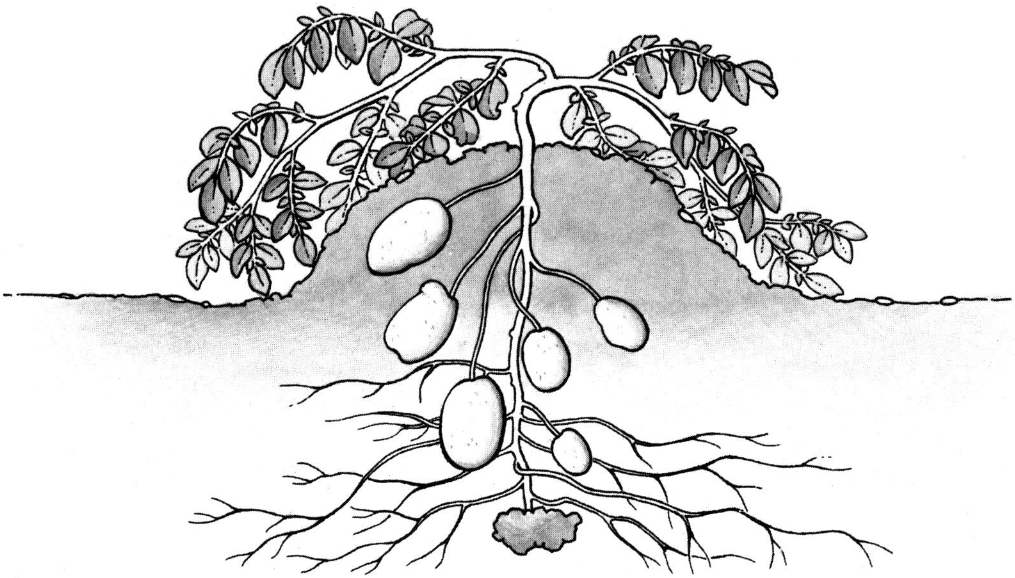

Les feuilles se dessèchent et meurent.
Le plant a emmagasiné sa nourriture dans les pommes de terre.

Observe la photo. Cette pomme de terre est mûre.
Si personne ne la ramasse, elle produira des germes au printemps prochain, et à partir de ces germes, de nouveaux plants se développeront.

La pomme de terre peut être mangée.

Cette pomme de terre a été ramassée et sera probablement cuite et mangée. Quelle préparation préfères-tu ?

Si tu ne cuis pas cette pomme de terre, un germe poussera peut-être. Tu pourras alors planter la pomme de terre, comme sur ce dessin.

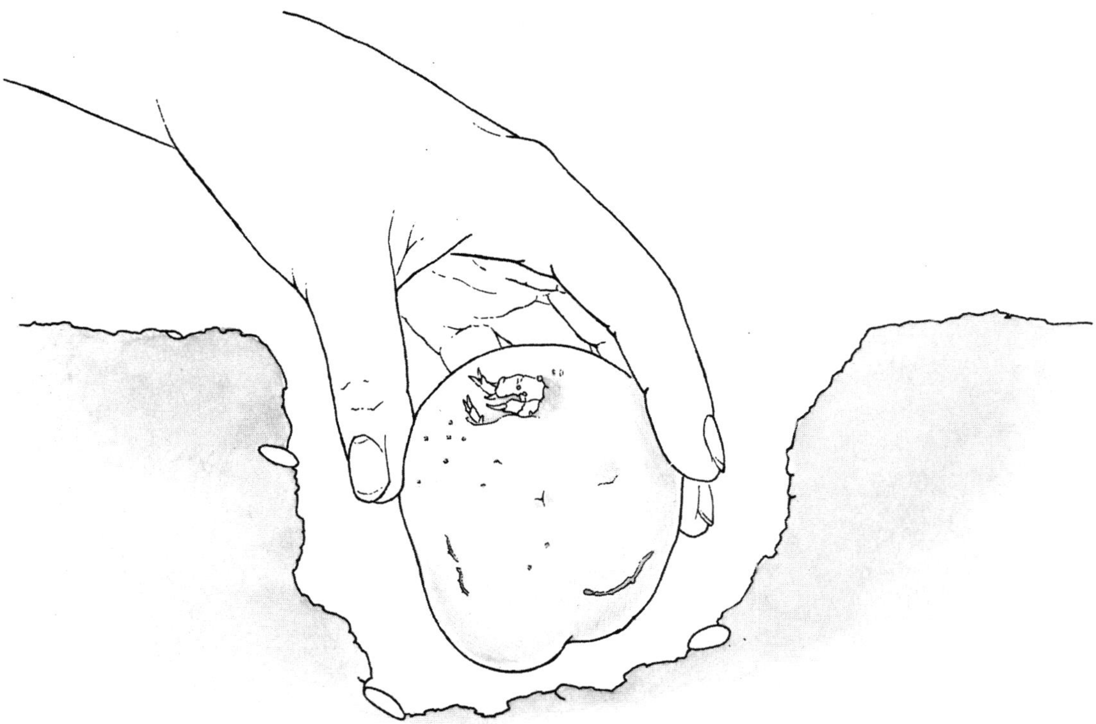

Devine ce qui se passera ensuite...

Pourrais-tu raconter avec tes propres mots comment pousse une pomme de terre ?
Sers-toi de ces images pour t'aider.

1

2

4

5

Pose une pomme de terre sur un appui de fenêtre et observe les germes qui se forment.
Tu peux planter la pomme de terre et voir ainsi le germe se transformer en plant.

3

6

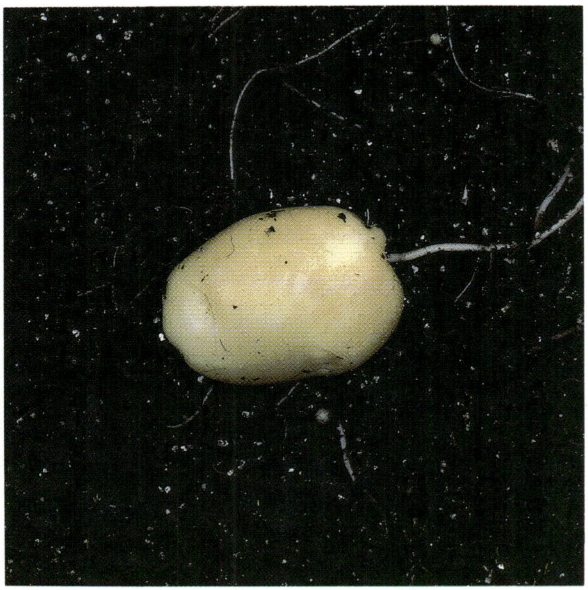

PETIT LEXIQUE

Germer/le germe : germer = commencer à se développer dans le sol. Le germe est une petite pousse qui se développe à partir de la pomme de terre et deviendra la nouvelle plante.

Mûr (adj.) : qui est complètement développé, prêt à **germer** et à produire de nouvelles plantes.

Plant (le) : nom donné plus volontiers aux végétaux qui ont été ou qui vont être plantés ou repiqués (le plant de tomates, le plant de haricots...).

Protubérance (la) : une protubérance est une sorte de bosse qui apparaît sur des matières naturelles ; ici, ce sont de petites boules qui se développent au bout des racines.

Semence (la) : graine qui va se planter dans le sol et qui contient tout ce qui est nécessaire pour produire une nouvelle plante.

Toxique (adj.) : qui agit comme un poison, qui est dangereux pour la santé ; il ne faut surtout pas toucher ou avaler ce qui est toxique.